THE STORY OF UKRAINE

AN ANTHEM OF GLORY AND FREEDOM

РОЗПОВІДЬ ПРО УКРАЇНУ

ГІМН СЛАВИ ТА СВОБОДИ

Olena Kharchenko and Michael Sampson
Олена Харченко і Майкл Семпсон

Illustrated by
Polina Doroshenko
Поліна Дорошенко

KIDS
BROWN BOOKS KIDS

The Story of Ukraine
An Anthem of Glory and Freedom

Brown Books Kids
Dallas / New York
www.BrownBooksKids.com
(972) 381-0009

A New Era in Publishing®

Publisher's Cataloging-In-Publication Data

Names: Kharchenko, Olena, 1975- author. | Sampson, Michael R., author. | Doroshenko, Polina, illustrator.
Title: The story of Ukraine : an anthem of glory and freedom / Olena Kharchenko and Michael Sampson ; illustrated by Polina Doroshenko = Розповідь про Україну : Гімн Слави та Свободи / Олена Харченко і Майкл Семпсон ; illustrated by Поліна Дорошенко.
Other titles: Розповідь про Україну
Description: Dallas ; New York : Brown Books Kids, [2022] | Bilingual. In English and Ukrainian on facing pages. | Interest age level: 004-008. | Summary: Ukraine is rich with history and resources, culture and people, but most of all, in spirit! There is a lot to learn about Ukraine, and one of the best places to start is their national anthem. The lyrics of this once-forbidden song carry deep meaning for many Ukrainians, and are full of passion, strength, and determination, inspiring them to keep their country protected and free. The Story of Ukraine walks readers through each culturally-significant line, providing details of Ukraine's land and life.--Publisher.
Identifiers: ISBN: 9781612546087 (hardcover) | LCCN: 2022938581
Subjects: LCSH: National songs--Ukraine--Texts--Juvenile literature. | Ukraine--Description and travel—Juvenile literature. | Ukraine--History--Juvenile literature. | Ukraine--Social life and customs--Juvenile literature. | CYAC: National songs--Ukraine--Texts. | Ukraine-- Description and travel. | Ukraine--History. | Ukraine--Social life and customs. | Ukrainian language materials--Bilingual. | BISAC: JUVENILE FICTION / Historical / Europe. | JUVENILE FICTION / People & Places / Europe.
Classification: LCC: ML3690 .K43 2022 | DDC: 782.42159909477--dc23

ISBN 978-1-61254-608-7
LCCN 2022938581

Printed in the United States
10 9 8 7 6 5 4 3 2 1

For more information or to contact the author, please go to
www.MichaelSampson.com.

Author's note: Ukraine's Parliament adopted this version of the National Anthem in 2003. It is a slight modification of Pavlo Chubynsky's original 1862 poem.

Ukraine is a multiethnic, multilingual, and multicultural country. Ukraine is home to more than 130 nationalities, and twenty-two percent of Ukraine's population is made up of ethnic minorities. Furthermore, millions of Ukrainian diaspora live throughout the world.

*To my beautiful daughter Michelle
who was born in the USA but proud that
she is half Ukrainian.*
—OK

To the Children of Ukraine.
—MS

*To my brave Ukrainians and people of different
nationalities who support Ukraine in our struggle
for freedom and a peaceful future at home.*
—PD

Special thanks to Fulbright Ukrainian Scholars Erica Glenn, Tamara Kozyckyj, Larysa Kurylas, and John Vsetecka for their reviews and contributions to this book, as well as to Oles Honchar Dnipro National University Professor Nataliia Safonova.

Примітка автора: Верховна Рада ухвалила цей варіант Державного Гімну України у 2003 році. Це незначна модифікація оригінального вірша Павла Чубинського 1862 року.

Україна — багатонаціональна, багатомовна та багатокультурна країна. В Україні проживає понад 130 національностей, а двадцять два відсотки населення України становлять етнічні меншини. Крім того, мільйони української діаспори живуть по всьому світу.

*Моїй прекрасній донечці Мішель,
яка народилася в США, але пишається тим,
що є наполовину українкою.*
—OK

Присвячується Дітям України
—MS

*Моїм хоробрим українцям та людям різних
національностей, які підтримують Україну в нашій
боротьбі за свободу та мирне майбутнє у себе вдома.*
—PD

Окрема подяка українським науковцям програми Фулбрайт: Еріці Гленн, Тамарі Козицькій, Лярисі Курилас та Джону Всетецьку за їхні рецензії та внесок у цю книгу, а також доцентці Дніпровського національного університету імені Олеся Гончара Наталії Сафоновій.

Ukraine is a beautiful country, with the Carpathian Mountains to the west, the sparkling Black Sea to the south, and the Dnipro River at its heart. Ukraine has thick forests in the north and rich farmlands in the east that help feed the world.

Україна — мальовнича країна, яку обійняли Карпатські гори на заході, сяючі води Чорного моря на півдні, і густі ліси на півночі. У самому серці її перетинає величезна річка Дніпро. Родючими східними землями Україна допомагає годувати світ.

But the best thing about Ukraine is the people—more than forty million sincere and talented citizens who love their country and will defend it at any cost. Ukrainians come from the Kozak nation. They are artists, writers, athletes, scientists, mathematicians, inventors, and engineers, and all of them enrich Ukrainian history. Millions of people around the world trace their heritage to Ukraine.

Але найкраще в Україні — це її народ — більше сорока мільйонів талановитих громадян із щирими серцями, які люблять свою землю понад усе та будуть захищати її будь-якою ціною. Нащадки козацького роду, українці є обдарованими живописцями, письменниками, спортсменами, вченими, математиками, винахідниками та інженерами. Кожен з них збагачує українську культуру своїми внесками. Мільйони людей по всьому світі мають українське коріння.

Ukrainians came from the Trypilla culture, one of the oldest civilizations in Europe. The country has always been a paradise of nature. The land had peaceful people who fished and hunted, raised animals, grew food, and made pottery and textiles. Through the centuries, many countries tried to invade and rule Ukraine. They wanted the rich black land and natural resources. But the brave Ukrainian people always resisted and fought for their freedom.

Україна завжди була райським куточком природи. Спадкоємці трипільської культури, однієї із найдревніших світових цивілізацій, миролюбні українці займалися рибальством, полюванням, сільським господарством, ткацьким та гончарним мистецтвом. Споконвіків безліч країн намагалися привласнити собі привабливий родючий чорнозем та природні ресурси. Але волелюбний, хоробрий український народ завжди чинив опір та боровся за свою свободу.

Ukraine's National Anthem was written in 1862 by Pavlo Chubynsky and set to music by Mykhailo Verbytsky. It was sung during Ukraine's independence from 1917–1921. The Soviet Union banned the song, and for years it had to be sung in secret. When Ukraine got its independence back in 1991, it was sung freely. The government adopted a shorter version in 2003 and it became Ukraine's official National Anthem.

LET'S SING it together!

Історія створення Українського Національного Гімну почалася з вірша «Ще не вмерла Україна», написаного Павлом Чубинським у 1862 році і з музикою Михайла Вербицького. Співали його у 1917-1921 роках Української Незалежності. У часи Радянського Союзу співати Гімн було заборонено, тому будь-яке виконання Гімну трималось у таємниці. Коли у 1991 році Україна повернула свою Незалежність, слова Гімну залунали гучніше, ніж будь-коли. А його скорочену версію Верховна Рада затвердила як офіційний Державний Гімн України у 2003 році.

THE GLORY AND FREEDOM OF UKRAINE has NOT YET PERIShed

Ukraine is a glorious country where the people are free to make their own decisions in life, and they live on no matter what challenges come.

ЩЕ не вмерла УКРАЇНИ і СЛАВА, і ВОЛЯ.

Україна — чудова країна, де люди сміливо беруть відповідальність за свої рішення та долають будь-які перешкоди на своєму шляху.

LUCK WILL STILL SMILE ON US BROTHER-UKRAINIANS

As Ukrainians, we are like brothers and sisters living in our beautiful land under one blue sky. Charming golden-domed churches are everywhere. Ukrainians feel lucky and blessed to live in such a beautiful and happy country.

ЩЕ нам, БРАТТЯ МОЛОДІЇ, УСМІХНЕТЬСЯ ДОЛЯ.

Як українці, ми як брати і сестри живемо на нашій прекрасній землі під одним блакитним небом, з прекрасними золотоверхими церквами у кожному місті. Українці пишаються тим, що вони живуть у такій прекрасній і щасливій країні.

OUR ENEMIES WILL DIE LIKE DEW IN THE SUN

Ukraine is a strong and heroic country. Many nations have invaded and tried to take their land and break their spirit. But Ukrainians are determined to keep their independence and will defeat the enemy.

ЗГИНУТЬ НАШІ ВОРОЖЕНЬКИ, ЯК РОСА НА СОНЦІ,

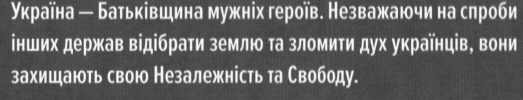

Україна — Батьківщина мужніх героїв. Незважаючи на спроби інших держав відібрати землю та зломити дух українців, вони захищають свою Незалежність та Свободу.

and we will be able to rule our own land, brothers

Many countries want to conquer resource-rich Ukraine,
but Ukrainians fight them because it is their country.
Ukrainians will always rule their land.

ЗАПАНУЄМ І МИ, БРАТТЯ, У СВОЇЙ СТОРОНЦІ.

Скарби українських земель завжди приваблювали загарбників, але Україна — це земля українців, і нічия більше. І пануватимуть у себе вдома лише вони.

WE SHALL LAY DOWN SOUL AND BODY FOR OUR FREEDOM

Ukrainians will do anything to protect Ukraine
and will pay any price to keep her free.

ДУШУ Й ТІЛО МИ ПОЛОЖИМ ЗА НАШУ СВОБОДУ,

Українці будь-якою ціною захистять суверенітет України, якою б великою вона не була.

and WE'LL PROVE THAT WE <u>BROTHERS</u> ARE <u>OF</u> KOZAK KIN

The brave warriors that lived in this land many years ago were Kozaks. They were strong and courageous people who fought invaders. The old East Slavic word kozak means "free man" or "adventurer." Today's Ukrainians are descendants of Kozaks. They are strong and courageous and want to live as free people.

І ПОКАЖЕМ, ЩО МИ, БРАТТЯ, КОЗАЦЬКОГО РОДУ.

Декілька віків тому територію України населяли хоробрі козаки, могутні захисники свого краю. Слово «козак» перекладається як «вільна людина» або «шукач пригод». Українці сьогодення — нащадки козаків, тому їхні цінності лишилися незмінними: Свобода, Гідність, Незалежність.

Ukraine has many national symbols other than the anthem. The colors on the beautiful Ukrainian flag have a special meaning. Blue is the bright, peaceful, cloudless Ukrainian sky. Yellow is the symbol of the golden wheat fields.

Гімн — не єдиний державний символ України. Не менш прекрасним є Український Прапор, кольори якого мають особливе значення. Синій — це яскраве, безхмарне, мирне небо. Жовтий — золоте пшеничне поле.

The coat of arms of Ukraine is the combination of a blue shield with a gold trident or tryzub. The tryzub was the sign of the Rurik dynasty from the tenth to twelfth centuries. It probably came from the seal of Volodymyr the Great, the Grand Prince of Kyiv. Sometimes you see the tryzub on the Ukrainian flag.

Герб України — гармонійне поєднання блакитного щита та золотого тризуба. Тризуб був символом династії Рюриковичів у X-XII сторіччях. Як Герб України він почав свій шлях з родового знаку Київського князя Володимира Великого. Іноді тризуб зображають на Українському Прапорі.

The sunflower is Ukraine's national flower. Not only are they beautiful, but they are also grown for their tasty seeds and to make sunflower oil. Ukraine is number one in the world in sunflower oil production.

Соняшник — національна квітка України. Він дарує українцям не лише свою красу, а й смачне соняшникове насіння та корисну соняшникову олію. Україна — світовий лідер у виробництві соняшникової олії.

Kalyna is a flowering tree with beautiful red berries. Ukrainians like to sing about and paint these berries and make tea from them.

Кущ калини — стрункий та витончений, покритий прекрасними червоними ягодами. Калина — джерело натхнення українських митців. Також із калини роблять дуже смачний чай.

Ukrainians are proud of their Kozak heritage. They wear traditional garments with beautiful embroidery, vyshyvanky, as their national heritage clothes. They put them on for holidays, weddings, and other special events. Ukrainians wear them as part of their national dance, Hopak.

Українці пишаються своїм козацьким походженням, тому із задоволенням вдягають національне вбрання «Вишиванка» на свята, весілля та інші особливі події. У вишиванках та шароварах виконують український народний танець Гопак.

Ukraine is home to many delicious foods. Borshch is known as the cultural heritage food. Other favorites include varenyky, salo, kovbasa, palyanycya, holubci, potato pancakes, and pampushky.

Україну небезпідставно називають батьківщиною багатьох смачних страв. Борщ є не лише народною стравою, але й визнаний культурною спадщиною країни. Серед інших улюблених страв: вареники, сало, ковбаса, паляниця, голубці, деруни і пампушки з часником.

Some of the world's greatest writers, composers, and inventers are from Ukraine. Taras Shevchenko was the prophet of the Ukrainian nation. He wrote poems and stories in the Ukrainian language promoting the independence of Ukraine. The Christmas song "Carol of the Bells" by Mykola Leontovych's "Shchedryk" was based on a Ukrainian folk chant. Ihor Sikorsky invented the helicopter. Sergiy Korolev's rocket design put the first human in space.

Kateryna Bilokur was named the "People's Artist of Ukraine" for her beautiful paintings of nature.

Батьківщиною багатьох всесвітньо відомих письменників, композиторів та винахідників є саме Україна. Тарас Шевченко — пророк української нації. Він писав вірші та оповідання українською мовою, щоб розпалити в серцях людей жагу до Незалежності. Колядка «Carol of the Bells» походить від «Щедрик» Миколи Леонтовича створена на основі українського народного поспіву. Авіаконструктор українського походження Ігор Сікорський підняв у повітря перший гелікоптер. Конструкція ракети Сергія Корольова вивела першу людину в космос. Відому українську художницю Катерину Білокур наділили титулом народної художниці України за неперевершені зображення природи.

Ukraine is a wonderful country with a rich history. It has golden wheat, mountains, forests, and the sea. But most of all, Ukraine has brave people who love their country more than life itself.

Ukrainian national treasures include their flag, National Anthem, crest, foods, music, clothes, dances, and literature. But the greatest treasure is the Ukrainian people, and their hopes for a peaceful future.

Glory to Ukraine!

Україна — колоритна країна з багатою історією. Її землі — це безкраї поля золотої пшениці, сягаючі неба гори, сяючі на сонці морські води. Але серце України — її народ, який любить Батьківщину більше за самих себе.

Серед національних скарбів України її Стяг, Гімн, Герб, література, музика, їжа, одяг, танці та надія на мирне, безхмарне майбутнє.

Слава Україні!